Índice

INTRODUÇÃO

Parece que você ouve isso o tempo todo de quase todos

Um que você conhece - "Estou MUITO estressado!"

As estatísticas são impressionantes. Um em cada oito

Americanos de 18 a 54 anos sofrem de um transtorno de ansiedade. Esta

totaliza mais de 19 milhões de pessoas! Pesquisa conduzida pela Instituto

Nacional de Saúde Mental mostrou que a ansiedade transtornos são o problema de saúde mental número um entre

Mulheres americanas e perdem apenas para álcool e drogas abuso por homens.

Mulheres sofrem de ansiedade e estresse Quase o dobro dos homens.

Ansiedade Transtornos são os mentais mais comuns Doença na América, superando até Depressão em números. A ansiedade é o Problema de saúde mental mais comum

Voltado para adultos com mais de 65 anos de idade. Transtornos de ansiedade custam US $ 46,6 bilhões anualmente. Quem sofre de ansiedade vê uma média de cinco médicos antes de ser diagnosticado com sucesso.

Infelizmente, o estresse e a ansiedade andam de mãos dadas. Dentro Na verdade, um dos principais sintomas de estresse é a ansiedade. E

O estresse é responsável por 80 por cento de todas as doenças diretamente ou indiretamente.

Na verdade, o estresse é mais perigoso do que pensávamos.

Você provavelmente já ouviu falar que pode aumentar sua pressão arterial,

Aumentando a probabilidade de um AVC em um futuro distante, mas

Recentemente, uma brochura de seguro saúde afirmava que 90 por cento

De visitas a um médico de atenção primária foram relacionadas ao

estresse desordens.

A revista Health Psychology relata que crônica

O estresse pode interferir no funcionamento normal do corpo

Sistema imunológico. E estudos provaram que estressou

Indivíduos têm uma vulnerabilidade aumentada para pegar um

Doença e são mais suscetíveis a doenças alérgicas, autoimunes ou

doenças cardiovasculares.

Os médicos concordam que durante o estresse crônico, as funções do

corpo que não são essenciais para a sobrevivência, como o

Sistema digestivo e imunológico, desligue. "Isso é por que

As pessoas ficam doentes ", diz ele." Também há muitas ocorrências

De doença psicossomática, uma doença com um quadro emocional ou

lado psicológico disso. "

Além disso, o estresse muitas vezes leva as pessoas a responder

De formas não saudáveis, como fumar, beber álcool, comer

Mal, ou tornando-se fisicamente inativo. Isso danifica o corpo, além do desgaste do próprio estresse.

O estresse faz parte da vida diária. É como reagimos a isso faz toda a diferença na manutenção da nossa saúde e bem-estar

Sendo. As pressões ocorrem ao longo da vida e essas pressões Causar estresse. Você precisa perceber que você nunca vai

Se livrar completamente do estresse em sua vida, mas você pode aprender Técnicas de enfrentamento para transformar esse estresse em uma situação. Quando recebi a tarefa de escrever este livro, eu

Pensei imediatamente: "Claro, você pode eliminar o estresse e Ansiedade por se trancar em uma sala e nunca falar com ninguém nunca mais ". Mas isso não faria muito

Livro informativo, não é?

Eu sofri de transtornos de ansiedade causados por estresse por anos. Eu aprendi um pouco como lidar com isso

Embora esteja sempre aprendendo coisas novas e lidando com Mecanismos. Então, o que fiz neste livro foi pegar alguns De minhas próprias experiências e as combinei com conselhos de Especialistas para fornecer ferramentas que irão ajudá-lo em situações estressantes situações.

Também delineei diferentes maneiras pelas quais você pode enfrentar

Ansiedade debilitante e ataques de pânico que muitas pessoas sofrer de.

Ao pesquisar para este livro, descobri

Algumas informações incríveis e mal posso esperar para compartilhá-las com

Vocês. Eu mesmo aprendi muito, então vamos ver como elimine o

estresse e a ansiedade de sua vida!

POR QUE ESTAMOS TÃO FORTES?

Estamos vivendo em tempos muito difíceis e difíceis e as coisas não parecem estar

Mais fácil. Às vezes a vida pode parecer terrivelmente doloroso e injusto,

mas de alguma forma conseguimos lutar, dia após dia, esperando e

Orando para que as coisas logo melhorem.

Mas dia a dia o mundo está se tornando mais louco e

Lugar mais incerto para se viver, para não mencionar estressante.

Nada parece mais seguro. Milhões de pessoas estão registradas

Níveis de endividamento. Muitos estão perdendo seus empregos, suas casas, seus

Saúde e às vezes até sua sanidade. Preocupação, depressão

E a ansiedade parece ter se tornado um estilo de vida também muitas pessoas.

Parece que entramos na Era da Ansiedade. Na verdade,

Em 2002, a capa da revista Time proclamou isso em voz alta

E claro em uma de suas capas como a história apresentada naquele emitir.

O estresse constante e as incertezas de viver no

O século 21 certamente cobrou seu preço e, como resultado

Muitos de nós parecem viver uma vida de medo e preocupação constantes.

Quando os ataques terroristas aconteceram em 11 de setembro,

Esse estresse e preocupação constantes pareciam simplesmente ser ampliados.

Na verdade, muitas pessoas, mesmo agora, quatro anos depois, relatam que

Ainda estão com medo de que algo dessa magnitude possa acontecer novamente - talvez mais perto deles.

Ligue as notícias ou abra um jornal e nós estamos

Bombardeado com imagens e histórias perturbadoras. Começamos a

Me pergunto se estamos seguros em qualquer lugar. Nisto, a informação

idade, nunca antes tivemos tanto acesso a tanto

Dados.

Dívida e muitos americanos também. Preços crescentes do gás,

Custos de habitação ultrajantes, até mesmo o custo da comida enviou

muitos americanos para trabalhar em empregos que são insatisfatórios e

A economia é outro estressor. Nosso país está em

Tedioso. Eles porque eles contracheque. Importante para bacon em vez

carreira dos sonhos.

Tendo

O local de trabalho

Trabalhar esses empregos necessito de um

Hoje é mais

Traga para casa o

Do que trabalhar em um

Mais mulheres em adiciona ao

Estresse. Tantas mulheres sentem a necessidade de ser tudo para todos e

isso inclui um ganhador de salário, casa

Guardião, mãe, esposa, filha e irmão. O único problema

Com isso, algumas mulheres simplesmente não têm tempo para

Contribuindo assim para que seus níveis de estresse estejam em uma alta

de todos os tempos.

Até as crianças podem sentir a pressão do estresse e

Ansiedade. Adolescentes que querem ir para a faculdade encontram se

esforçando durante seus estudos para tentar

E obter bolsas de estudo para que possam frequentar escolas que tenham

custos de mensalidade cada vez maiores.

Eles se veem tendo que se segurar em meio período

Em cima de tudo isso, para ganhar dinheiro para extras que seus

Os pais não podem mais pagar. Adicione pressão de grupo ao misture e

você terá uma verdadeira panela de pressão!

Telefones celulares, internet, palm pilotos, amoras, i-pods - nós somos

sempre em movimento e sempre alcançável. Não damos tempo para

relaxe e aproveite a vida mais. Por que não? Certamente deveríamos!

Sentimos pressão para fazer isso coisas porque pensamos que TEMOS

Para, não porque QUEREMOS. Muitas vezes, é difícil para

As pessoas simplesmente dizem "Não". Não estou dizendo que uma

pequena palavra se acumula

Expectativas e obrigações desnecessárias que nos fazem sentir ansioso.

Todos nós passaremos por situações que podem nos levar a ficar

estressado ou ansioso. As razões são muitas

Observar, mas pode incluir, comprar uma propriedade, ter convidados

Ficar mais (sogros!), ser intimidado, fazer exames, cuidar de

Filhos, administração de finanças, problemas de relacionamento, viagens

etc. O estresse é uma função "normal" da vida cotidiana. Apenas quando

Parece assumir o controle de nossas vidas, então se torna um problema.

Todo mundo terá diferentes razões para uma situação

Causa-lhes pressão. Via de regra, é geralmente quando não

Sentimos no controle de uma situação, então sentimos seu controle se

estreitando ao nosso redor, fazendo com que nos sintamos preocupados

ou 'estressados'.

Se o estresse é causado por não nos sentirmos no controle de um

situação, a resposta é tentar reverter isso e recuperar

Esse controle. A boa notícia é: VOCÊ PODE!

Você tem tudo dentro de você que você precisa

Superar seu estresse e a ansiedade que o acompanha. O

Problema é que muitas vezes não percebemos que estamos no controle

Porque nos sentimos tão fora de controle no momento. Mas as

ferramentas são lá, você só precisa usá-los.

Vejamos primeiro as barreiras que colocamos e que são

Impedindo-nos de nos tornarmos saudáveis e nos livrarmos de nossos

ansiedade e estresse.

BLOQUEANDO COMPORTAMENTOS MANTENDO SEU ESTRESSE VIVO

Existem três comportamentos obsessivos que você provavelmente estar

envolvido nisso impediu o seu processo de cura e

Impedi-lo de desfrutar de uma vida livre de estresse. Reconhecendo estes

barreiras podem ser um grande primeiro passo para se livrar do

Problemas que vêm com estar muito estressado.

O primeiro é a negatividade obsessiva. Quando você é

Obsessivamente negativo, tem uma tendência "negativo" sobre situações

e coisas

Isso significa que você para ser

Pessoas, lugares,

Na sua vida.

Talvez você se pegue dizendo coisas como "Não consigo fazer

Isso! "ou" Ninguém entende! "ou" Nada funciona! ", pois

Exemplo. Você pode estar fazendo isso inconscientemente, mas

Essencialmente você tem o que é conhecido como "uvas verdes" atitude,

e isso impede você de saber como é

Veja a vida de uma lente positiva e aprecie a beleza em

Você mesmo e as pessoas ao seu redor! Existe um mundo inteiro lá fora lá

para você ... Com felicidade e pensamento positivo.

Então você tem perfeccionismo obsessivo. Quando você

Se envolver em perfeccionismo obsessivo, você está centrado em

tentando fazer tudo "exatamente" a ponto de dirigir

Você mesmo em um estado de ansiedade ansioso. Você pode encontrar

Você mesmo fazendo afirmações como: "Eu tenho que fazer isso direito,

Ou serei um fracasso! "ou" Se não for preciso, as pessoas serão

Com raiva de mim! "Mais uma vez, esse comportamento pode estar

totalmente abaixo do limite de sua consciência, mas interfere muito com

Sua capacidade de aproveitar as coisas sem se sentir "tenso" e

"estressado."

Finalmente, há a análise obsessiva. Quando você está obcecado por

analisar

Coisas, você se pega querendo re-hash

Uma tarefa ou um problema repetidamente. Para Por exemplo, você pode

se pegar fazendo afirmações como: "Eu preciso olhar este acabou, estude-

o e saiba-o por dentro e

Fora ... Ou então não consigo relaxar! "ou" Se eu relaxar e deixe as coisas

irem sem olhar para elas

Repetidamente, as coisas dão errado! "

Embora o pensamento analítico seja uma excelente característica, se for

feito

Em excesso, você nunca consegue parar e cheirar as rosas porque

Você está muito ocupado tentando analisar tudo e todos

Em torno de você. Obter insights sobre este tipo de comportamento é um

Das chaves mais importantes para se livrar do estresse, e obtendo total

poder sobre sua ansiedade.

Se você se envolver em alguma das opções acima

"Comportamentos de bloqueio", há duas coisas que você pode fazer para

Fique a vontade. Primeiro, pergunte às pessoas que você conhece, ama e

Confiança, "Sou negativo em relação às coisas?", "Reclamo-me muito?", e

"Sou difícil de estar por perto?"

Isso pode ser difícil para você ouvir, pois a verdade às vezes dói muito.

Mas o insight que você obterá

Da avaliação que os outros fazem de você é inestimável, e você Saiba

exatamente como os outros o veem. Aceite seus comentários

Como informações úteis e saiba que você obterá insights incríveis pelo

que você ouve.

Em segundo lugar, mantenha um diário para escrever e estabelecer

Padrões de quando você está usando "comportamentos de bloqueio". Até

Se você não está entusiasmado com a ideia de escrever, você pode fazer

Pequenas entradas em um caderno ou diário a cada dia. O grande

Parte é que você começará a ver padrões em seu comportamento que

Revelar exatamente o que você está fazendo para se prevenir de curando

sua ansiedade.

Daremos a você algumas ótimas técnicas de combate ao estresse

Posteriormente no livro, mas você precisa reconhecer esses bloqueios

Primeiro para que você possa passar para o estágio de "cura" e conquistar

seu estresse e ansiedade.

Muitas pessoas pensam que o estresse e a ansiedade são a mesma coisa

coisa. Isso não poderia estar mais longe da verdade!

STRESS OU ANSIEDADE

Contrário à crença popular, há uma diferença entre

Estresse e ansiedade. Estresse vem das pressões que nós

Sentir na vida, à medida que somos empurrados pelo trabalho ou

qualquer outra tarefa que coloca pressão indevida em nossas mentes e

corpo, a adrenalina é

Liberado, a permanência prolongada do hormônio causa depressão, Um

aumento na pressão arterial e outras mudanças negativas e Efeitos.

Um desses efeitos negativos é a ansiedade. Com ansiedade,

O medo supera todas as emoções acompanhadas de preocupação e

Apreensão, tornando uma pessoa um recluso e um saco cheio de

Nervosismo. Outros sintomas são dores no peito, tonturas e falta de ar e

ataques de pânico.

O estresse é causado por um fator causador de estresse existente ou

Estressor. A ansiedade é o estresse que continua após esse estressor

Se foi. O estresse pode vir de qualquer situação ou pensamento que

Faz você se sentir frustrado, com raiva, nervoso ou até mesmo ansioso.

O que é estressante para uma pessoa não é necessariamente estressante

para outro.

A ansiedade é um sentimento de medo e quase sempre é Sentimentos de

iminente

Fonte desta inquietação é conhecido ou reconhecido, que angústia que

você sente.

Estresse é a maneira como nosso mentes reagem a algo Apreensão ou

acompanhado por ruína. O Nem sempre

Pode adicionar ao

Corpos e

O que perturba

Nosso equilíbrio normal na vida; um exemplo de estresse é o Resposta

que sentimos quando estamos com medo ou ameaçados. Durante eventos

estressantes, nossas glândulas supra-renais liberam Adrenalina, um

hormônio que ativa a defesa do nosso corpo

Mecanismos que fazem com que nossos corações batam forte, a pressão

arterial para elevar-se, os músculos ficarem tensos e as pupilas dos nossos

olhos dilatarem-se.

A principal indicação de aumento do estresse é um

Escalada em sua taxa de pulso; no entanto, uma taxa de pulso normal não

significa necessariamente que você não está estressado. Constante

Dores e sofrimentos, palpitações, ansiedade, fadiga crônica, Choro, comer demais ou comer pouco, infecções frequentes e um

Diminuição do seu desejo sexual são sinais que você pode notar o que indica que você pode estar sob estresse.

Claro, toda vez que estamos sob estresse, não reagir a tal extremo e nem sempre estamos sob tal

Grande coação ou medo cada vez que somos confrontados com um situação estressante.

Algumas pessoas são mais suscetíveis do que outras a

Estresse; para alguns, até mesmo as decisões diárias comuns parecem intransponível. Decidir o que jantar ou o que comer

Comprar na loja, é um dilema aparentemente monumental para Eles. Por outro lado, existem aquelas pessoas, que parecem

Prosperar sob estresse, tornando-se um ser altamente produtivo impulsionado pela força da pressão.

A pesquisa mostra que mulheres com filhos têm maior

Níveis de hormônios relacionados ao estresse em seu sangue do que as mulheres sem filhos. Isso significa mulheres sem filhos

Não experimenta estresse? Absolutamente não!

Isso significa que as mulheres sem filhos não pode

Experimente estresse tão frequentemente ou no mesmo grau que

Mulheres com filhos, sim. Esta

Significa para mulheres com

Crianças, é particularmente

Importante agendar um horário para você; você estará em um

Melhor estado de espírito para ajudar seus filhos e encontrar o

Desafio diário de ser pai, uma vez que seu nível de estresse é reduzido.

A ansiedade, por outro lado, é uma sensação de mal-estar.

Todo mundo experimenta isso quando se depara com uma situação

estressante situação, por exemplo, antes de um exame ou entrevista, ou

Durante um período preocupante como a doença. É normal sentir

RELAXANDO NO TRABALHO

Os intervalos para o café não são os únicos momentos em que você pode tirar um momento para si mesmo. A experiência realmente me ensinou que os intervalos para o café (ou para fumar) podem realmente aumentar o estresse que você sente quando está no trabalho.

Algumas das sugestões que demos a você neste livro certamente podem ser praticadas no trabalho, mas, infelizmente, outras não. Este é um método testado e comprovado para ajudá-lo a relaxar no trabalho.

Em primeiro lugar, encontre um lugar para se sentar. Sente-se ereto, com as costas apoiadas no encosto da cadeira, os pés apoiados no chão e as mãos apoiadas levemente nas coxas.

Se possível, feche os olhos. Você pode fazer o exercício sem fechar os olhos, mas fechá-los ajudará a relaxar um pouco mais. Não feche os olhos com força. Deixe suas pálpebras caírem naturalmente.

Inspire lentamente pelo nariz, contando até 5. Prenda a respiração e conte até 5. Expire lentamente, contando até cinco. Repetir.

Este exercício é realizado tensionando e segurando um conjunto de músculos por uma contagem de 5 e, em seguida, relaxando o conjunto de músculos por uma contagem de 5.

Ao tensionar cada conjunto de músculos, faça o máximo que puder sem se machucar. Ao soltar a pressão, fique o mais relaxado possível.

Comece tensionando os pés. Faça isso puxando os pés do chão e os dedos dos pés em sua direção, mantendo os calcanhares no chão. Segure para uma contagem lenta de 5. Solte a pressão. Deixe seus pés caírem suavemente para trás. Sinta o relaxamento. Pense em como é a sensação em comparação a quando você tensionou os músculos. Relaxe e conte até 5.

Em seguida, contraia os músculos da coxa o máximo que puder. Segure e conte até 5. Relaxe os músculos e conte até 5.

Contraia os músculos abdominais e segure e conte até 5. Relaxe os músculos e conte até 5. Certifique-se de continuar sentado em linha reta.

Contraia os músculos do braço e da mão, fechando os punhos com toda a força que puder. Segure e conte até 5. Relaxe os músculos completamente e conte até 5.

Contraia a parte superior das costas empurrando os ombros para trás, como se estivesse tentando encostar as omoplatas uma na outra. Segure e conte até 5. Relaxe e conte até 5.

Contraia os ombros, levantando-os em direção às orelhas, como se estivesse encolhendo os ombros e contando até 5. Relaxe e conte até 5.

Primeiro, contraia o pescoço movendo suavemente a cabeça para trás (como se estivesse olhando para o teto) e segure por 5. Relaxe por 5. Em seguida, baixe suavemente a cabeça para a frente e segure por 5. Relaxe e conte até 5.

Contraia os músculos do rosto. Primeiro abra bem a boca e segure por 5. Relaxe por 5. Em seguida, levante as sobrancelhas e segure por 5. Relaxe por 5. Por fim, feche bem os olhos e segure por 5. Relaxe (com os olhos suavemente fechados) por 5 .

Termine o exercício respirando. Inspire lentamente pelo nariz, contando até 5. Prenda a respiração e conte até 5. Expire lentamente, contando até cinco. Repita 4 vezes. E é isso! Faça este exercício sempre que precisar relaxar, seja no avião, no carro ou em qualquer outro lugar onde você esteja sentado. Como este exercício pode ser muito relaxante, não deve ser executado enquanto você dirige.

Com o tempo, se realizado regularmente, este exercício o ajudará a reconhecer a tensão em seu corpo. Você poderá relaxar os músculos a qualquer momento, em vez de realizar todo o exercício. Execute pelo menos duas vezes ao dia para resultados de longo prazo.

Você pode desenvolver seu próprio exercício de relaxamento mais longo adicionando mais grupos de músculos. Identifique suas próprias áreas de tensão e, então, contraia e relaxe essas áreas da mesma maneira.

Maximize os benefícios de relaxamento deste exercício, visualizando uma cena tranquila no final do exercício. Visualize uma cena - um lugar onde você se sinta relaxado - em detalhes por pelo menos 5 minutos. Lembra do lugar feliz? Vá lá e divirta-se!

CONCLUSÃO

Se você não aprendeu nada lendo este livro, esperamos que perceba e entenda que NÃO HÁ NENHUMA MANEIRA de eliminar completamente o estresse de sua vida. O que você pode fazer é aprender a fazer com que o estresse trabalhe PARA você.

O gerenciamento do estresse não é tão difícil quanto pode realmente parecer. No entanto, não podemos enfatizar este próximo ponto o suficiente. Se você acha que tem muito estresse em sua vida, pode ser útil conversar com seu médico, conselheiro espiritual ou associação local de saúde mental. Como as reações ao estresse podem ser um fator na depressão, ansiedade e outros transtornos, eles podem sugerir que você consulte um psiquiatra, psicólogo, assistente social ou outro conselheiro qualificado.

Não queremos nos apresentar como profissionais médicos. Tudo o que queremos fazer é dar a você algumas ferramentas para implementar em sua vida para ajudá-lo a lidar melhor com as coisas que nos deixam sobrecarregados e nos sentimos fora de controle.

Você também pode pesquisar ferramentas de gerenciamento de tempo para se livrar de alguns dos seus fatores de estresse. Quando sentimos que não temos tempo suficiente para fazer as coisas que precisam ser feitas, isso cria mais estresse e pode levar à ansiedade que, acredite, você não quer ter!

Dicas de gerenciamento de estresse são sim

JCONCLUSÃO

Se você não aprendeu nada lendo este livro, esperamos que perceba e

entenda que

NÃO HÁ NENHUMA MANEIRA de eliminar completamente o estresse de

sua vida. O que você pode fazer é aprender como para fazer com que o

estresse trabalhe PARA você.

O gerenciamento do estresse não é tão difícil quanto pode realmente

parecer. No entanto, não podemos enfatizar este próximo ponto é

suficiente. Se você acha que tem muito estresse em sua vida, pode ser útil

converse com seu médico, conselheiro espiritual ou associação local de

saúde mental. Porque as reações a

o estresse pode ser um fator de depressão, ansiedade e outros

transtornos, eles podem sugerir que você

visite um psiquiatra, psicólogo, assistente social ou outro conselheiro

qualificado.

Não queremos nos apresentar como profissionais médicos. Tudo o que queremos fazer é te dar

algumas ferramentas para implementar em sua vida para ajudá-lo a lidar melhor com as coisas que nos tornam oprimido e sentir-se fora de controle.

Você também pode querer olhar para ferramentas de gerenciamento de tempo, a fim de se livrar de alguns de seus estressores. Quando sentimos que não temos tempo suficiente para fazer as coisas que precisam ser feitas,

isso cria mais estresse e pode levar à ansiedade que, acredite, você não quer ter!